Aus meinem Federkiel
Magische Momente

AF201280

Natur & Seele
Gedichte

Vera Hewener

Edition Calamus

Über das Buch

Vera Hewener öffnet mit ihrer Lyrik innere und äußere Landschaften als Spiegelräume der Wahrnehmung. Sie erweist sich dabei als Sprach-Zauberin, als Schöpferin einer eigenen Sprachwelt der Natur. Tiefgründige, impressionistische, malerische und humorvolle Gedichte, ausgezeichnete Lyrik im wahrsten Sinn des Wortes. Für die Gedichte „Der Dackel" (S. 39), „Wahre Freundschaft" (S. 77) und „Ach Lichtgeschoss" (S. 80) wurde Vera Hewener beim 16. CONCOURS LITTERAIRE INTERNATIONAL du CEPAL (F-Thionville) 2017 der Wilhelm Busch Preis zuerkannt.

Über die Autorin

Vera Hewener, Jahrgang 1955, erhielt mehrere internationale Preise und Auszeichnungen, u.a. „Superpremio Cultura Lombarda" vom Centro Europeo di Cultura Rom (I) 2001, „Grand Prix Européen de Poésie" von CEPAL Thionville (F) 2005, Goethe-Preis 2013, Trophäe Mörike 2015.

Pressesplitter

„Heweners Sprache ist Rhythmus und Malerei." (SZ, 07.05.2002)
„In Heweners Gedichten überlagern sich die Zeiten und Epochen. Die Vergangenheit ist in ihren Zeilen ebenso nah wie die Gegenwart. Die Gedichte sind im wahren Sinne des Wortes farbenfroh. Vera Hewener versteht das Handwerk des Dichtens." (SZ, 29.07.09)
„Vera Hewener versteht es, mit kräftigen Farben Bilder in unserem Kopf zu erzeugen, die jede Jahreszeit lebendig werden lassen. Es sind kleine Wortkunstwerke, die da für den Leser das Naturerleben plastisch darstellen. " (Heusweiler Wochenpost, 08.01.14)
„Anmutige, unverbrauchte Bilder." (SZ 07.06.2017)

Aus meinem Federkiel
Magische Momente

Natur & Seele

Gedichte

Vera Hewener

Edition Calamus

Die Deutsche Bibliothek verzeichnet diese Publikation in der Deutschen Nationalbibliografie; detaillierte bibliografische Daten sind im Internet unter www.http://dnb.dnb.de abrufbar.

Herstellung und Verlag:
BoD - Books on Demand
In de Tarpen 42
D- 22848 Norderstedt

Titelbild: Helmut Hewener
Printed in Germany
1. Auflage 2017
ISBN 9783744870511
8,90 €

Mein Federkiel schüttet Blau ins Meer

Mein Federkiel

Schwanengeister die ich rief singen mit mir
gründelnd flügelschlagend auffliegend

mein Federkiel schüttet Blau ins Meer
Steinweiß Rosenrot
felswandgetupft blütengezupft

ach flieg ich auf
wurzellos windgetrieben
rücken Krähen ins Schilfland
Galgenvögel schattenschwarz
Gewitterblitze werfend

Wolken in denen ich verloren ging
treiben über den Schaubuden der Worthändler
den Märkten der Märchenhäuser

und doch kehre ich zurück
Tinte zeichnender Zugvogel
der Blätterspende der Bäume gewiss

Am Anfang war der Fleck

Der Nebel macht Fortschritte,
je klarer der Blick, desto deutlicher die Trübnis.

Kein Bild schält sich
aus der Vergangenheit Schleier,
kein Buchstabe
schreibt alleine Leben.

Sammle die Glyphen, den schwarzen Lettertand,
setze den Satz aufs weiße Papier,
jeder Anfang beginnt mit
einem Fleck Tinte.

Daunenzauber

Die Nacht verblasst
das Schimmern des Blattgolds
am Horizont

ruft ein Wandervogel
einsam vom Meer herüber
bricht das Schweigen
Zauber weißer Daunen

mir lächeln Dächer
das Dunkel von der Seele
öffnen Fenster jeglichen Morgen

magischer Moment des Lichtwechsels
wenn sich die Farbpalette aufgetragenen Lebens
aus der Nebelbank schält

wie ein Fahrer
der den Kesselraum im Schiffsrumpf schürt
ohne auf den Kompass zu schauen

Nebelbank

Daune und Bürzel im Schattenrot
wenn brechendes Dunkelschwarz
sich im Seeblau fängt als Haubentaucher
der sein Nest vor frühen Räubern bewacht
Tschackern und Kollern wecken den Schwan

im Sternbild der Anziehungskraft
liege ich auf Federn gebettet
über mir schleichendes Mondmal

wenn die weißen Schleier sich heben
Schnäbel durch das Dunkel leuchten
wie Nebelkerzen

knirschen Nachtgespenster im Schilf
hängt mir der Schlüsselbart um den Hals
wie verschlossene Sarkophage hoher Priester

ich bebe durch das Dickicht
im vergoldenden Schein
des Sonnenaufgangs

Boote

Ach ihr bemannten Boote
folgt der einprogrammierten Richtung
in alle Fernen der Fahrt

schwerfällig bewegt
die Kompassnadel
das Kommando der Kapitäne

doch die Matrosen reisen
von Hafen zu Hafen
von Heuer zu Heuer

das restliche Silber verspielt der Mond
wenn er die Sternbilder verträumt
den Sonnenaufgang mit falben Farben säumt

ein Fischer wirft seine Netze aus
in den Wirren der Morgendämmerung

Nebelgrau

Nebel tanzen Ringelreihen
um die Laute der Silbersichel
eine Sibylle des Lichts

das Laubenhaus fußt
auf tiefen Wurzelstöcken im Schilf
im klaffenden Geäst
hängt der Biber Moos auf

dort wo unter dem Blick der Eule
ein Schwan durchs Röhricht schlendert
ausgestoßenen Schreis
schlägt die goldene Ewigkeit
den Sinn aus dem Dunkelbann

umwerbend die Lebensbraut
der Nebelgeister

Sternennebel

Das Meer flutet auf im Sternennebel
riesige Nachtgespenster wachsen
durchschwimmen
zwischen frühem Vogelruf und Goldglanz
die Seiten

von jähem Wellenschlag durchwühlt
schlürft ungeheure Trunkenheit
von der Dämmerung Morgenrot
späht noch nach bodenloser Tiefe

wes Blicks ist das erwachende Leben
mystische Sehnsucht nach dem Irgendwo
in der Ausgeglichenheit der Stunde

Aufleuchtendes schwingt nieder
und das Taubenpaar
verschwindet im Drehmoment
schäumender Gischtgesänge
Wolkenflaum entfedert

Tiefausläufer

Der Nebel des Morgens
ein undurchsichtiger Horizont
aus Wolkengrau
der Lichtkampf des Sonnenaufgangs
und das wilde Schlagen des Ozeans

Schritte aus dem Schatten
das Nieselnetz das uns befällt
wie schlechte Träume

ein Reizklima der Witterung
das uns über den Rücken fährt
wie das Tosen des Windes
rau stürmisch aufgebracht

der Tag versickert im Tief
wie Kaffee im Sprung der Tasse

Schwanensee

Von den Emporen steigt die Nacht.
Monde, die Sternen entsagen,
gleiten dahin wie mit Geisterfracht,
den Schlaf probt der große Wagen.

Dort irrt ein Traum, der nicht träumt,
aus stiller Sehnsucht sich speiste,
der seinen Flaum aus den Tagen bäumt,
sich niemals misst mit der Leiste.

Im Teich zieht ein Schwan eine Silberspur,
das Geraune Rotbarts entfacht.
Pan flötet leise in Moll und Dur,
im Schilf ist Odette aufgewacht.

Die Flügel auf der Wasserhaut
bauschen, ein Tanz mit dem Federkiel,
schwingt auf der Vogel, tönt ein magischer Laut
in das unauslöschliche Spiel.

Auf weißen Schwänen flieg ich zu dir
durch den Wind, sternfädenverstrickt.
Draußen spielt Nacht auf dem Träumeklavier,
zeitlos durch den Äther geschickt.

Undine tanzt

Mondfluss silbergeneigt,
ich folge der Spur
teichsichtigen Blicks.
Sonnenfunken zündeln,
nicht Lichtsplitter,
Sternscherben spiegeln sich
im dunklen Nass.

Stimmenschweben, ein Raunen
leichtfüßig über der Wasserhaut.
Kiesel klickern, klirren im Sog,
Strudel verrinnen, versickern,
Nachtwachen tauchen auf.

Drunten im Schilf wirbelt Undine,
im Wassergarten drehen Nymphen
Hochzeitstänze,
flattern über Seerosenblättern
im Takt der Rohrgesänge,
weiße Bänder im Haar.

Zwischen den Wurzelkolben
thronen Tribünen,
Hörstühle für Kardinäle,
Sitzflächen für Libellen.
Auf Seidelbast
wiegt sich die Lilienfrau.

Wer die Nachtgeister überdauert,
nährt sich von Wegwarten
und blauen Blumen.

Tanz der Musen am Schäferbach

Weit hinter den Fichten singt hell Erato
Göttinnen der Schönheit ein lockendes Lied
es tanzt Terpsichore im silbernen Mondschein
in wallender Seide das Rabenvolk flieht

Urania strahlte und spannte den Wagen
am Himmel nur Sterne voll taumelnden Lichts
die Grazien eilten den Schwestern zur Seite
bis auf die Muse des Heldengedichts

Bacchantinnen kamen mit Dionysos
verteilten den Wein im schillernden Dunkel
sie tranken und lachten und niemand bemerkte
das Nahen des Stammelns aus Hades Gemunkel

Moiren zogen am Lebensfaden umwoben
die Pfründe am Schäferbach
Styx erwachte aufflogen Raben aufbrach
die Schlucht in laut tosendem Krach

aufschreckten die Trunk`nen aus Freuden und Lüsten
das Stöhnen der Tiefe aus Abgrund und Wehen
ein Trauerspiel schrillte Erinnyen lachten
die Musen des Schönen mussten vergehen

die Schlucht aber blieb fortan ein Zeichen
auf jene zu warten die unfertig sind
Kalliope allein wacht nun hinter den Fichten
und schützt vor dem Abgrund ein spielendes Kind

Ach die frühen Nebel
emporgewoben vom See
und das trübliche Aug
nicht Schattenschemen
Flügelschlagen vor den
Umrissen entfernter Ufer

mir treibt die Dämmerung
ein kautziges Rufen ans Ohr
der Wind pfeift eine Seite
dem unkenntlichen Boot
auf dem das Leben in den Tag
schippert

mit langsamer Fahrt
unter dem Segel
des Morgengrauens

Regentag

Wolkenschichten verschieben sich
weißer Dampf steigt aus der Erde
wie Säulen alter Tempelbauten

Windkrafträder schlagen um sich
zerreißen die Luftmassen in graue Fetzen

im Nebelschleier hüpft
eine Taube am Straßenrand
hinterlässt Trittspuren
im Sand des Vormittags

Sonne geistert am Horizont
blitzt durch das Gewölk
belichtet schaurige Umrisse
nicht enden wollender Trübnisse
eines Regentags

Wachkoma

Ich weiß nicht, ob ich gestern schon war.
Heute lebe ich, so viel ist sicher.

In dem ganzen Nebel
findet man weder Bäume
noch Tage.

Alle Jahre in den Wind geschlagen,
bis der Nebel unsichtbar.

Du ahnst den Kreislauf,
siehst weder Anfang noch Ende.

Nur der Lichtstern, der ab und wann
dich lüstern bestrahlt,
bahnt die Dämmerung
und erspart dir das Aufwachen nicht.

Meerzeit

Ich weiß
das Fremde in mir
liebt das Fremde in dir
Gewissen ist alle Gewissheit
das Unbekannte die treibende Kraft
auf dem Meer
das dich jagen lässt

zwischen dem Tang der Jahre
haben Quallen ihr Nest gebaut
sie glibbern im Licht
brennen ihr feuriges Gift
in die Haut
bis sie vertrocknet wie der Tang

ach Morgentau
lösch mit der Perlenkette
die letzten Brände
vor dem Heimgang
die Hölle hat Feuer genug

Vogelwäsche

Libellen schwirren
über dem Schilfrohr
stillvergnügt
im milden Wind

in den Knospen
zartbesaitet
verbirgt sich der Schmuck
der Wasserpflanzen

das Sonnengesicht
spiegelt sich im Flusslauf
wirft seine Schatten
über Weiden
die ihre Äste hängen lassen

Kiesel sammeln sich
an den Fangseilen
türmen sich auf
zu Sprungschanzen
für mitschwimmende Blätter

ein Vogel landet
auf dem Steinturm
wäscht seinen Fang
im Köllerbach

Scholle und Flunder

Die Scholle sprach zur Flunder
„Dein Kleid ist doch nur Plunder.
wie eine Fleckendecke
du bist ne Meeresjecke."

Da sprach die Flunder: „Scholle,
sag, bist nicht ganz dolle
das Meer ist keine Modenschau
egal ob Mann oder ob Frau."

Da sprach die Scholle: „Flunder,
es wäre auch ein Wunder,
wenn du wärst wie das Meer so blau,
du bist nur platt und mittelgrau."

Die Flunder sprach: „Du, Scholle,
bist auch nicht grad aus Wolle,
dein Steingrau gleicht dem Meeressand
getarnt wirst du nicht mehr erkannt."

„Oh Flunder", sprach der Plattfisch,
du bist ja nur ein Nachtisch.
Wer mich erkennt, kriegt Appetit,
mich zu verwandeln hält mich fit."

„Du hast doch Stachelflossen,
zählst nicht zu den Kolossen,
als Speisefisch wie du und ich,
landen wir beide auf dem Tisch."

Da zappelte ein Wattwurm,
es kam zu einem Ansturm,
am Boden kräuselte das Meer,

Scholle und Flunder hinterher.
In diesen Turbulenzen
hielt sich der Fang in Grenzen.
Der Wurm entpuppte sich als schnöder
weitgeworfener Angler-Köder.

Da sprach die Scholle: „Flunder,
das Pech ist ein Glückswunder.
vergraben wir uns in den Sand
und bleiben unerkannt."

Hitzköpfig

Das Meer klatscht Stereowellen
rollt von einer Seite zur anderen
donnert gegen die ungewöhnliche Hitze
eines auslaufenden Mais

verstummt die Nachtigall
vor dem übermächtigen Stürmen
verzogen im Kobel Eichhörnchen

letzte Warnung als Möwenschrei
wenn das Land von der Flut überwältigt
unter der Kühlung erschauert
sucht das Auge des Sturms
den ungezügelten Freigang

Ausgeschwant

der Teich leergeschwommen
das Schilf koboldfrei
Fischerheiterung

Nebel verzieht das Gesicht

putztüchtige Fäulnis
Klarheiten verändern sich

Überflutung

Wellenbrecher
schlagen wild auflandig
voller Wucht
in den aufgeheizten Mai

das glutvolle Meerherz flutet
blutende Muscheln
aus der Tiefe

meine Augen lichtblind
ahnen die Länge der Wasserwalze
der sichtbare Küstenstreifen bebt

Sandmännchen flüchten
aus der Uferzone
und Pinien wirbeln versengte Nadeln
Zündhölzern gleich
durch die Luft

im Aufguss aus Harz
atmen Lungenflügel sich frei

auf dem Rücken der Salamander
knistert Feuersbrunst

So ruht in Frieden nun der Wald

Urwald

Wir klettern über abgebrochene Äste
spüren dem Laut nach
der von den Stämmen rührt

an der Borkenweste
hämmert ein Specht stolz
seine Höhle ins Holz

Zersplittertes schießt
in den Humus Trichter
wir weichen aus jenem Fallen
laufen auf freie Plätze

eine Maus verschließt
ihr Erdloch mit Laub dichter
rollt vor einen Blätterballen
versteckt die Vorratsschätze

Waldvögel pfeifen
auf der Gondel der Laubstricke
geheime Botschaften
verführerischer Gedanken

wir lösen vom Liebesgeplänkel die Blicke
und wandern weiter
die sich den offenen Kampf verkneifen
rütteln an Altholzplanken

Jack Russel Terrier

Ein Tierfreund, auf den Hund gekommen,
erfährt, wenn zögert er, beklommen,
dass er ein Rudelführer ist,
und nicht nur Schmuseegoist!

Falsche Gefühle sind ihm fremd!
Der Hund zerreißt sein letztes Hemd
für seinen Freund, den Menschen.

Ist der nicht echt und schwindelfrei,
ruft dies Misstrauen gleich herbei,
denn er macht keine Männchen.

Doch traut er seinen Augen blind,
wird aus dem Kampfgenoss ein Kind
und wedelt mit dem Schwänzchen.

Herrchen und Frauchen, drum seid klug,
ein Hundekuss ist nie genug,
Auslauf kein Kaffeekränzchen.

Schadensfall

Ungeordnet vom Donner
das Netz der Spinne im Strauch.
Die Hornisse stürzt,
verschleiert, verklebt, auf den Bauch.

Sie windet sich, sticht ihr Gift
in den regenweichen Boden,
trifft den Hirschhornkäfer
auf den schwarzen Panzer,
der darunter krabbelt.

„Bist du ein Lanzer",
ruft er ihr nach,
„oder ein kämpfender Schläfer?
Der Urwald eignet sich nicht
zum Kriegserklären",
und wischt ab sich die Zähren.

Während er zappelt
betrachtet die Spinne das Kräftemessen,
webt ein glitzerndes Dach.

Die Hornisse reinigt vergessen
im feuchten Bach des Sturms
die Flügel erpicht,
fliegt auf aus dem Bann
ins Sonnenlicht.
Arachne strafft ihr Gespann.

Früher Morgen

Im Osten Licht, der Nebel sprüht die Felder,
auf bleichen Pfeifen flöten Vogelkehlen,
und Eichhörnchen sich aus den Kobeln stehlen,
in Kronen schwankt der Geist der Pinienwälder.

Es schimmert auf, wird heller Schein und bälder
ruft ein Kuckuck, will sich nicht verhehlen.
Sein Nestling übt sich früh im Aufkrakeelen,
und Tauben gurren, werden Tagesmelder.

Die Nadelbündel rascheln in den Zweigen,
im lichten Wind sie im die Stämme kreisen,
Wolkenschwämme werden nun verreisen.

Ein strahlend Blau das Morgenauferstehen,
die Mondsichel zieht sich zurück, vergehen
muss das Schwarz, Licht macht es sich zu eigen.

Nicht schlecht Herr Specht

Zu Sommers Abschied haut ein Specht
die Schnabelsäge in den Ast.
Zur Mittagszeit im letzten Glast
wird aus dem Zimmermann ein Knecht.

Dies ist dem Eichhörnchen nicht recht,
es schläft grad süß in seinem Kobel,
wird wachgerüttelt durch den Hobel,
die Ruhe durch den Krach geschwächt.

Der Vogel bohrt sich in den Bast
und denkt: das ist nicht schlecht, Herr Specht!
Als um das Nest er weiter zecht,
wird es dem Hörnchen doch zur Last.

Es schlägt die Krallen zum Gefecht
und stellt das Fell auf wie ein Zobel.
Der Specht denkt: dieses Fell ist nobel,
als Innenfutter gar nicht schlecht.

Das Hörnchen springt flugs an die Höhle,
will jenen Störenfried verprügeln,
der droht mit aufgeschlagnen Flügeln
und schreit aus voller Vogelkehle.

Das Hörnchen, wirr von dem Krakeelen,
trifft jenes Nest nicht ganz genau.
Die losen Brocken aus dem Bau
des Hörnchens Köpfchen nicht verfehlen.

Getroffen fällt der Streiter nieder
auf einen Wurzelstrang des Baums.

Der Specht, verwundert dieses Traums,
trällert den Wald voll Siegeslieder.

Da setzt ein Rotfuchs , der dort schnürte,
zum Sprung an auf die leichte Beute,
Doch nun des Spechtes ganze Meute
auf jenen stürzt und Wind aufschürte.

Der Fuchs, erschrocken, lies ihn liegen.
Die Vogelschar schlug weiter Wind,
das Hörnchen lag taub wie ein Kind.
Kein Specht wollte da weiterfliegen.

Als zehn Minuten schon vergangen
schlug's Hörnchen seine Äuglein auf,
der Schwarm vor Freude pfiff zuhauf.
Da wollt Hörnchen nichts mehr verlangen,
hat sich nie mehr bei Spechts verfangen.

Die Friedenstaube

An einem frühen Sonnentag,
als aller Wald in Ruhe lag,
erklomm ein Hörnchen, flink und flugs
den Pinienstamm ohne Gemux.

Es speiste von der Zapfenquelle,
zerbiss die feste Zapfenpelle.
Weit hallt das unverhohlne Schmatzen.
Dies hörte ein Anderes beim Kratzen!

Das war nicht recht, denn dieser Stamm
gehörte ihm, ein jedes Gramm!
Doch dem Besucher war dies gleich,
die Zapfenkron' war aller Reich.

Es räkelte zum Nachbarast,
der Zapfenwuchs wie eine Quast
dort prangte und mit viel Genuss
holte es aus zum Räuberschuss.

Da wackelte es im Geäst,
das Hörnchen krallte sich ganz fest
und fauchte jenen Räuber an,
damit er floh. Dem lag nichts dran!

Er sah voll Mitleid an das Hörnchen,
blies ins Gesicht ihm letztes Körnchen.
Das war zu viel, 'ne Kriegserklärung!
Der Kampf entbrannt um die Ernährung.

Das Hörnchen setzte an zum Sprung,
der Dieb war schneller, war noch jung.

So jagte ihn der alte Hase
durch das Geäst mit Spürhundnase.

Sie stießen schrille Schreie aus,
ununterbrochen, ohne Paus',
bis aufgewacht der ganze Wald
vom Kampf der beiden mit Gewalt.

Zur Pinie hin flog eine Taube
und flügelte 'ne Friedenshaube.
Da hielten ein die Kampfgenossen,
kauerten sich an Astes Sprossen.

Die Taube sprach: „Euch sei's gesagt,
wenn ihr nur einen Schrei noch wagt,
fliegt auf das ganze Vogelheer
und flügelt Wind wie Sturm am Meer.

Wir wirbeln auf und machen Dampf,
bis aufhört ihr mit eurem Kampf!
Es gibt genügend Pinienkronen,
die sich für jedes Hörnchen lohnen.

Reicht euch die Krallen, Frieden sei.
Im Wald sind alle Tiere frei!"
Da duckten beide ihre Köpfchen,
die Augen funkelten wie Knöpfchen.

Sie krallten sich zum Friedensgruß
und zogen ab auf leisem Fuß.
Der Taube Spruch zum Himmel schallt.
So ruht in Frieden nun der Wald!

Wenn zwei sich streiten

Regen prickelt über Halmen,
tropft auf schlafende Zikaden,
ruhn im Gras auf ihren Waden.
Vögel zwitschern frohe Psalmen.

Dunst steigt auf, fängt an zu qualmen,
übers Gras wandern die Schwaden.
Ohne Zagen die Zikaden
hüpfen unter Schilfes Walmen.

Ach, da züngelt eine Schlange.
„So ein ausgeschamter Schnödel!
Für dich ist das doch nur Trödel",

schimpfen bös die Vögel lange.
Vom Geschrei der Kampfestiere
aufgeweckt fliehn die Zikaden.
Dank der Schmiere!

Maulwurf Franz

Feuchte Fusel leise schleichen
über dunkelgrüne Kuhlen.
In den kleinen blassen Teichen
sich die Rabenknaben suhlen.

Aus dem losen Erdenturm
spitzt der Novemberregenwurm.
Auch ein schwarzer Borkenkäfer
nistet dort als Wetterschläfer.

Flugs mit allerlei Verdruss,
setzt ein Maulwurf an zum Schuss.
Wenn der Herbst auch alle striezt,
sind jene Löcher doch sein Kiez!

Sein Revier wird er verteidigen,
niemand wird ihn hier beleidigen.
Wer in seinen Löchern spielt,
ihm die Winterruhe stiehlt.

Also fing er an zu bohren,
von dem Schwanz bis zu den Ohren
drang er unterirdisch vor,
hob den Regenwurm empor,
warf den Käfer trotzig raus
zum Gefallen einer Maus,

stieg heraus mit Siegesmiene
posierte auf des Astes Schiene,
mit gewund'nem Gräserkranz,
stolz wie Oskar, Maulwurf Franz.

Und wie wahr, Fanfaren, Tröten,
aus den hohen Hallen flöten,
erst noch sanft, dann kratzig rau,
durch des Morgennebels Grau.

Derweil die Rabenknaben spähten,
laut im Hungerfrust aufkrähten,
nach dem Wurm, der wund sich kringelt.
Als die Schar ihn fast umzingelt,
lauter wurden Kampfeskürzel,
aus der Höhe Federsturm.

Jäh kroch fort der Regenwurm.
Raben stählten ihre Bürzel,
zogen ab mit viel Geschrei,
knapp am Raubvogel vorbei.

Jener rammte seine Krallen
nun in Maulwurfs Erdenballen,
hob ihn aus dem Höhlenbau,
flog die Beute zielgenau
in seinen Horst, um sich zu laben.

Regenwurm und Käfer schaben
Sich tief ein ins dunkle Erdenreich,
die Rabenknaben sanken, bleich
und aufgeschreckt im Nieselgries
in die Gräser einer Wies'.

Und die Moral von der Geschicht':
Gräben graben lohnt sich nicht.

Der Dackel

Du stolzer kleiner Dackel,
dein Fell macht kein Gewackel,
die Ohren hängen schlapp herab ,
die Beine sind etwas zu knapp,
das Pfötchen gibst du elegant,
bist mutig und galant.

Fängt er mal an zu kläffen,
kann dich der Unmut treffen!
Stellt er sich hin mit viel Radau,
hilft nur Erziehung, Hundefrau. -
Doch ist er ja kein Dobermann,
auch wenn er bellen kann.

Will er mal nach dir knappen,
verbeißt sich in die Schlappen,
dann Hundefreund, sei dir gesagt,
wer sich so aus der Deckung wagt,
gehört ins Körbchen unverwandt,
hast du Dackelverstand!

Igel und Illtis

Igel und Illtis
lieben die Wildnis
und nicht den Zoo
de facto

Igtis und Illel
werden zum Rebell
Aufstand im Zoo
ab trimo

Illtis und Igel
entfernen die Riegel
aus jedem Zoo
und alles floh

Illel und Igtis
verstecken ihr Bildnis
im Strohstudio
inkognito

Natur erschöpft sich nicht in Wetterdingen

Morgendämmerung

Oh wie die Nacht so kühl sich neigt,
noch schweigt der Bäume leises Rauschen.
Die Vögel ihre Flügel bauschen
zum Aufflug in das Taggerüst.

Das Morgenrot am Horizont
Bäume in den Schatten sonnt.
Bald abzieht unterm Feuervogel
das Dunkelgrau am Kyllbergkogel,
bis alles Trübe eingebüßt.

Dahinter Sonne strahlt und funkelt.
Nachteulen haben ausgedunkelt.
Was lang verborgen, wird sich zeigen,
was aufgeblüht im Licht nicht schweigen.

Licht im Spiegel
die Umkehrung der Schatten

So war mit gelbem Finger berührt

die trauernde tropfende Vorfrühlingszeit,
auf den Fluren ausgebreitet
steigen verstopfte Nebelsäulen.

Nie war das Sehnen so stark
nach dem heilenden Goldstern
inmitten der verweilenden Trübnisse.

Ach Himmelslicht, rühr alles an,
was dir in die Finger kommt,
den leeren Baum,
den ausgestöberten Strauch,
die durchwühlte Wiese.

Es wird ein Herz schlagen,
das alle Zeiger aufwirbeln lässt,
die Trägheit des Stillstands besiegend,
wenn wir wiegend in blauen Bändern,
den Reigen tanzen
eines neuen Frühjahrs

Aus dem Nichts

Buntmalerei
und die Hoffnung auf Ernte

Vorboten

Es modert wieder in den Waldparzellen
und dampft wie ausgedrückte Zigaretten.
Im Sonnenfilter Wolken sich erhellen,
auf Knospen spielt der Wind wie Klarinetten

Mozarts schönste Frühlingsserenaden.
Die Säfte unter Moosgeflechten müffeln,
Käfer wandern über Promenaden,
nach Pfützen suchend, um sich satt zu süffeln.

Insektenpuppen häuten sich, bald fliegen
ins süße Blütenkörbchen Schmetterlinge,
im Gras Zikaden sich auf Halmen wiegen,

der Regen tröpfelt, hüpft von Blatt zu Blatt.
Natur erschöpft sich nicht in Wetterdingen,
sie schreitet fort als ewger Nimmersatt.

Im Wiesenmoos liegen

auf gelb gefüllten Löwenzahntellerchen
mit Magenbitterduft,
in den Ohren ein hohes Tirili,
ein Tschakerditschak, das die Weibchen ruft.

Vor den Augen Zitronenfalter,
das Surren jubelnder Insekten,
den brummenden Hummelflug,
den die Ameisenritter weckten.

Über mir stellt die Sonne
den Lichtblumenstrauß in die Himmelsvase.
als wollt sie den frühen Sommer
in mir blühen lassen,
nur so zum Spaß.

Osterglocken

schlagen sich die Blütenkörbchen
aus dem Kopf,
rot und grün.
Unerhörte Schläge.

Löwenzahn

Geh voran Tellerblüte,
stell dein Körbchen auf,
öffne die verwurzelten Zungenblüten
dem blauen Blick,
dem Freien,
dem Luftigen,
dem Wohltemperiertem.

Lass dein gelbes Polster
Käfern ein Stoppelbett sein,
bis deine abgeblühten Hochblätter
Haarfäden binden, Schneekugeln gleich,
und dein Schirm sich hinweg hebt
wie ein schwebender Schwan,
um erneut niederzulassen
den Samen.

Himmelan Lerchen

Kirschbaumzweig weißüberblüht
Grashalmgeklirre

Pusteblume

Blütenblättertellerchen,
sonnengelbes Bitterkraut,
wildwachsendes Wiesenaroma,
verpustet seine Samen.
Wegelagerer wissen
auch nicht immer wohin.

Schattengericht

Licht lügt den Frühling nicht an,
hängt nicht den Morgen auf
für einen Wasserlauf,
lässt nichts im Regen stehn,
denn im Vorübergehn
bricht schon der Strahlenchor
unter dem Schattengericht.

Im Deutsch-Französischen Garten

Im Park gründeln Schwanenmajestäten
und Kanadagänse, sie kreisen im See.
Die gelben Boote schwanken ans Ufer, jäten
die Wasseroberfläche. In der Lindenallee

schwärmt die Sonne um vornehme Pudeldamen
wie Dackelherren, nicht die Nachtigall singt,
es ist die Lerche. Die Blütenpanoramen
des Gartens duften, die Wasserorgel klingt

im Takt perlender Akkorde wie Kastagnetten,
als drehte das Mittagslicht betört Pirouetten,
überhitzt, betäubt. Die Sommerlieder

verschenken die Melodie, die aufgeklungen,
an Bänke. Tauben haben sich ausbedungen,
auszuruhen unterm Schmetterlingsflieder.

Frühling in Saarbrücken

Die weiße Stadt verfängt sich in den Seilen,
von Sonnenhand geworfen in den Tag.
Das Lichtern blendet durch die Straßenzeilen
die Parlierenden, Knospen brechen auf im Hag

des Frühlings wie ein aufgeklappter Fächer,
lebensbejahend, Duft versprühend, farbenfroh.
Und von den Höhen leicht erwärmter Dächer
fällt die Sehnsucht nach dem Anderswo

zeitvergessen direkt ins Aug der Träumer
am Saarufer, welche Meeresrauschen ahnen,
sich unter freiem Himmel neue Routen bahnen

im Kampf der Wellen. Wasserschäumer
ruderschlagend den Lichtgewinn verdrängen,
sich unentschlossen in Maßanzüge zwängen.

Schlossführung

Die Tore, wie von Geisterhand bewegt,
sich öffnen, gläsern, majestätisch,
die hohe Halle von der Herrschaft angeregt,
nassauischen Geschlechts. Paritätisch

Wendeltreppen, beidseitig gehegt
von Böhmscher Vision, lichtästhetisch
eingebunden, ins Stahlkorsett geprägt,
Verwaltungssitz der Gegenwart, prophetisch

Versammlungen und Ausschüsse sich winden
übers Marmor geschwung'ner Treppengänge,
wie einstmals unterm Lüster der Kristallgehänge

das Schlossgespenst, das geistert in den Fluren,
nochmals den Weg Vergangenem zu spuren:
Wilhelm will Amalie wiederfinden.

Schlossplatz

Die Seitenflügel, gleich geteilt, spalierend
wie Wachen, stehn vorm Mittelrisalit.
Respekt die Gäste zeigen, die spazierend
Pflastersteine zählen im Beritt

der Kieselsteine, während ziselierend
in der Sonne von der Brunnentraufe
Wasserkaskaden plätschern und parierend
versickern als eine Strudelschlaufe

im Bodenbecken. Unterm Blätterdach
des Cafés Röstaroma adelt
die Genießer des Beschauens, und ach -

ein Hund sich löst, zum Brunnen läuft, getadelt
vom Frauchen, dass er nicht als nasser Pudel
wiederkehrt und schüttelnd nässt sein Rudel.

Wilhelm Heinrichs Garten

Ach du grauer Wilhelm, Zeit gebürstet
auf dem Postament und hoch gehalten,
als Gebieter über Beete. Des Alten
Bestand nach Frühling dürstet.

Kräuter und Gewürze schossen auf,
dem Sonnenlicht geneigt zu applaudieren.
Dem Gärtner Kletterpflanzen wild skandieren,
und manche Bäume streben hoch hinauf,

vertrocknet, ausgezehrt und farbenblind,
die zarte Wärme in den Stamm zu leiten,
um neue Knospen, Blüten zu entbreiten,

dass Pollen fliegen mit dem milden Wind.
Im Schlossgarten das Knistern Gäste lockt,
sich jeder Strauch mit Blättern neu berockt.

Frühlingsaufbruch

Das alte Schloss versinkt im Nebel wie die Tauben
unterm Dach, das ein kaltes Nest beschürzt.
Die aufgestellten Seitenflügel klauben
sich Farbe aus dem Winter. Die Sonne stürzt

zu Boden wie Fallobst von den Ästen,
überdrüssig, angefault, geplatzt,
und Gärten steh'n wie leere Blumenkästen
auf Fensterbänken, Wind zerkratzt.

Im Mittelrisalit aus Glas aufsteigt
ein Klang in Himmelshöhen, als wollt Amalie
streiten mit der Frühlingspersonalie,

welche wolkentriefend, verschnupft sich zeigt
mit Knospenkränzen, ausschlagenden Bäumen,
dass sie den Blütenzauber nicht versäumen.

Blue Notes

Kräuteraromen würzen den Park
Blattläuse mäandern

Engelstatuetten
öffnen versteinerte Flügel

Kronenbeete ehren den Fürst
mit Blütenteppichen

Amalie im vollen Marmor
liest aus den Seiten des Sommers

Hofgäste schwadronieren ums Schloss
Licht wirbelt Blue Notes

Verblichene blaue Hortensie

in meiner Hand glüht Blütenasche
Wind zerstäubt sie vor meinen Augen
Astern strahlen ins Kleid Sterne
in Margeritenkörbchen schlafen Käfer

die Schwellen der Steinstühle
werfen Schatten vor die Zeder
leicht wird das Lila im Grün

ach Nachmittag schaukelst die letzte Sonne
vor dem Schlaf legst mir
die blaue Perlenkette vor die Füße

ich laufe übers Moos
über altes Gras
das die stillen Gräber kühlt

ich muss meine blutenden Sohlen trocknen
im vierblättrigem Klee
ich liebe das Vergangene
und die wachsenden festen Zapfen
jeden Morgens
von Anbeginn zu Anbeginn

(am Pfarrer-Rug-Park)

Aufflug

Der Himmel ist voller Flugzeuge
Vogelschwärme schießen hinauf in die Höhe
verteidigen den Luftraum
mit geiferndem Pfeifen

ein Segelflieger fällt ohne Aufwind
übermütig blasen Wolken ihm entgegen
federn mit der Luftmatratze
den Abgang ab

Kornblumen ducken sich
im Dickicht wildwachsender Wiesen
schlagen Feldhasen Haken

in den Brombeerranken
betrinkt sich ein Fink

Aubigny sur Nère

1
Taubengesellschaft auf den Zinnen
am Fuß der Geschichte
Grabenkämpfe an der Nère

in der Rue du Prieuré
lärmendes Treiben der Fahrzeuge
der Leerstand unübersehbar

an den Tischen des Bergerac
wird hofiert parliert diskutiert
kein Wassertrinker der Weinverkoster ächtet
kein Biergenießer der Rauchende verstößt

Hundertschaften von Blumendüften
des benachbarten Floristenladens
weht der Maiwind herüber
umhaucht die verweilenden Gäste
mit den Aromen natürlicher Begegnungen

2
die haushohen Standarten
geteilter Farben blähen auf
Segelschiffe der Gegenwart
fliegen gezipfelt durch Jahrhunderte
französisch-schottische Verbindung
Maria Stuart war hier

in grünem Karo der Wachpostenrock
im Museumshof aus Blech
Drahtfiguren mit Zepter
Blumen verhangen die Fenster
Gartenidylle auf weißem Kieselstein

längst ist das digitale Zeitalter
angekommen in der historischen Stadt
Häuserzeilen mit britischem Akzent
rufen Internetverbindungen zwischen
Anglais und Francais auf

3
Fachwerkhäuser stilgerecht restauriert
dienen Rauchschwalben als Nistplätze
sie fliegen zwischen den Seiten hin und her
als hätte es Fremdherrschaft nie gegeben

und landen zielgenau zur Fütterung
des vielversprechenden Nachwuchses
der die Köpfe aus den Nestbauten streckt
aufkrähende Schnäbel gewiss

ein weißes Taubenpaar auf dem Dachgrat
des Brautmodengeschäfts turtelt
treu Liebende mit Aussicht auf Ewigkeit

4
um sechszehnuhrfünfundvierzig
läuten die Glocken der Sankt-Martinskirche
übertönen Redeströme und Fahrgeräusche

im andächtigen Kirchenraum
Besinnung Gebet Kontemplation
kein Blitzen von Fotolinsen erlaubt

derweil es draußen unentwegt
weiter knattert und brettert
 in der Geschäftszone

es hallt in den hohen Himmel
technische Bekenntnisse
welche die Sonne in
blaue und gelbe Streifen reißt

5
im Innern der Bar des Bergerac
rauchen Schädel und Aschenbecher um die Wette
im Nebeneinander Jubel und Verzweiflung

Hunde liegen draußen unter den Tischen
den Kommandoton des Herrchens im Ohr
Promenadenmischungen liebäugeln mit Frauchen
gelockte Vierbeiner mit Zugkraft
robben sich hoffnungsvoll
miefernd und schniefernd zum Aufbruch

Mitdreißiger pflegen Konversation
mit Cocktail und Longdrink
während junge Mütter mit Kinderwagen
der Zeit davon rollen

6
im Dreisternehotel La Chaumière
logieren Geschäftsreisende
Männer mit weißen Hemden
Frauen mit bunten Blusen
Sprachgewirr mit Kultur

die gemauerten Innenwände des Restaurants
mit kleinteiligen Fliesen rufen
die Zeit der Pferdekutschen wach
an den Wänden der Flure
Bilder im Glanz vergangener Jahre

Suiten und Zimmer
im Stil mittelständischen Komforts
ausgestattet mit neuester Technologie
verbreiten den Charme
langer bürgerlicher Traditionen

zu Kir Royal und Pastis
serviert der Küchenchef
kulinarische Grüße mit Genussstufe

der Bordeaux atmet die Traubenlehre
ganzer Generationen
sub dictum rosa
liegen die Geheimnisse
auch heute noch
in den Weinfässern

Fremde im Spiegel

Heraustreten aus sich im Spiegel
hineinfremdeln in sich beim Einsehen

Vergessene weiße beschriftete Zettel
in meinen Händen springen Gedanken
vom Tisch zum Stuhl zum Schrank
die blitzende Kette der Bilder
die meine Augen aufziehen
am Morgen gehüllt in die Blätter des Lichts
werden sichtbar schwarze Erinnerungsstellen

das Umblättern der Stundenuhr
ins heisere Hüsteln der Vorhänge
zeitigen alles verrinnt im Suchen der Dinge
ständiges Suchen des Aufgeschriebenen
Aufgehängten Angeklebten

vor mir blühen Spaliere der Schwertlilien
die rauschenden Zweige der Linde
ach Wind er berührt mich noch
Sonne streicht ihre Paste auf
ich grüne in den hängenden Tonnen der Wolken

Immer ist Abend ich bin gelaufen

über Brücken aus Staub Krumen geworfen
Brotkrumen der Buchstaben zusammengeheftet
von Gedankengängen bevor ich sie vergesse

ich verstehe die Laute nicht mein Schultergenoss
will nicht schreiben will keine Federn mehr lassen
ich bin nackt genug Scherbenkleider wechseln
gegen Verheißungen des Milchglases blinder Spiegel

immer ist Abend nachtblau wundrot
sichelt der giftige Schnitter zwischen Bildern
anschwellender Dunkelheit

ach Traum, der mich vergibt
an das Unsichtbare alternder Tücher
Schattengewächse Passionsblumen
Schutzschichten der Dämmerung
Schlaf

Die donnernden Tage

wochenmittig ausgetrunken
das Glas halbvoll Licht
die verzweifelten roten Schuhe
mein Weg findet mich nicht
gestern warst du noch hier
neben mir das Funkeln der Mitläufer
über mir der Himmel Blaulicht mundtot

Einkaufszettel aufgeschriebene Angst
vor den Regalen der Ordnung Blatt geworfen
Buchstaben des Gesetzes du Weißmann
trägst die hohen Kissen
die meinen Kopf verbergen sollen

ich falle in die Arme des Unbekannten
ich kenne mich nicht mehr
alles ausgemergelt
ausgebleicht
Leerverkäufe

Immer ist morgen ich steh auf

aus grauen Verschlägen gestern noch
sang ich Heimatlieder Gitter halten mich
Gurte Schlingen meiner Fragen
Fußangeln seinsollenden Seins

Ach Licht das mich hingibt
an das Werden verständnisloser Blicke
umhergeirrt im Eigenmächtigen
Unkontrollierbaren als schlüge die Lebensader
durch starr vertrocknete Äste

du fühlst mich nicht Abhörmann
hinter Manschetten der Wissenschaft
die mir einreden nicht mehr ausreden zu können
alle Augen warten auf mich oh Gott
deine Weisungen unverändert
Starrsinn der mich ändern soll
mit Pinseln und Klebstoffen

Ich finde mich wieder heute ist Sonntag

Glocken läuten meine Kinder kommen zum Essen
der Sonntagsbraten schmort vor meinen Augen
immer ist Sonntag wenn Kleider
sich fürs Ausgehen gewaschen haben

bis hinter die Ohren schäumt mir Sauberkeit
verduftet Jasmin in den Vorgärten
vergangener Lust vor mir blühen letzte Rosen
ach ja die roten Berberitzen hab ich nicht vergessen

aber die letzten Tage des Augusts
der Beeren anschwellender Gesang Herbstvögel
schwarzer Holunder gärt in Gläsern
bitterer Marmelade der Himmel trägt lila
die Verfärbungen der Haut auf meiner Kinderschürze

die Wolken fangen Federfetzen meiner Zeit

Wer trug meine Worte ins Freie

meine Gedanken haben sie nicht gefunden
auf den Bänken des Verlusts verzinsen
sich Lehrsätze ins Unvorstellbare

wer hat von meinem Tellerchen gegessen
wer trank meinen Kelch aus
den süßen Wein der ersten Liebe
sie singt noch Tage in unberührte Wochen

wer seift mich ein Schäume zu Träume
und du mein Kind stell dein Licht
nicht unter irgendwelche Scheffel
andere löffeln dich aus Goldstück für Goldstück

was ich verloren habe hinter Zäunen der Vernunft
vermag ich nicht mehr zu benennen

Wir haben Maskenball meine Schwester

Hexe des Morgens reitet auf dem Besen
durch meinen Körper Nanopartikel
fließen durch mich hindurch und die Wissenschaft

du wolltest doch tanzen mit mir
Tango tanzen in florentinischen oder anderen Nächten
noch spüre ich die Hitze deine Schönheit
hab ich vergessen zwischen Wänden
aus Röhrchen, Tiegeln und Knöpfen

wer beatmet mich morgen im Staub
wenn alle Brücken gebrochen
hüll mich in die Blätter des Lichts
mein Schultergenoss Erinnerungsschatten
Stundenuhr ich geh
durch blühende Spaliere
vergattert
vergesse
das Vergessen

Keine Umrisse mehr

meine Brille ist zerbrochen
die Blätter des Lichts
tragen ihre eigene Schönheit
der Boden bricht ein die Brücke aus Staub
verbindet nicht mehr und du
siehst nur noch durch mich hindurch

starr mich nicht so an Maskenträger
dieses ständige Weiß taugt nicht zum Spiegel
nicht mal Unschuld trägt immer die gleiche Farbe
ach Lilienlicht weshalb stichst du mir ins Auge

meine Füße können nicht mehr gehen
sie laufen vor mir davon bleib stehen
du mein Körper führst ein Eigenleben
ich gehorche mir nicht
ach Geländer wenigstens du gibst mir Halt

wer ist die Frau oh Mama ich wollte
immer ein braves Kind sein ist Papa schon
von der Arbeit zurück ich spiele Klicker
alles hüpft von meiner Gabel

meine Zähne hab ich geputzt
hab die Spiegel damit gewaschen
Wachsbilder ich kratze
die Ränder aus
oh die Blume ist schön
sie ist so rot
rot wie Blut

Alles ist so starr
unbeweglich graue Frau
Fremde kommen aus dem Spiegel
sie verfolgen mich was hab ich angestellt
ich hab doch nur Klicker gespielt

was willst du meine Schwester ist tot
sie ist im Paradies hat Mama gesagt
lass mich zu ihr sie trägt meine Koffer
schau am Bahnsteig wartet schon der Zug

die letzte Reise ist eine Heimkehr
betest du für mich Mama
die Schwester trägt einen Rosenkranz
ach der Pastor kommt
ich erkenne ihn am Monokel
er darf mich aber nicht anfassen

lass das das ist unzüchtig
man schaut nackte Menschen nicht an
das ist eine Todsünde
geh weg Schatten Fetzen flimmern
der Tag ist zerrissen
näher mein Gott zu dir

Herr gib ihnen die ewige Ruhe
und das ewige Licht leuchte ihnen
ins Paradies werden Engel dich geleiten

Ach das Licht ist so hell
mir wird warm
endlich friere ich
nicht mehr

Ach Lichtgeschoss

Sommerhitze

Sonnentöchter, die ihr das Auge füllt mit trunk'nem Blick,
Heiligenscheine der arglos frühen, stillen Götterstunde,
dreht euren Erlenkreis als eine späte Mittagsrunde,
als sei die Überhitzung eines Sonnenwagens Trick.

Ach, legt die blauen Kissen an die Stirn des Windes,
dass er sie bläst und treibt ein wenig milder.
Der Himmel spiegelt sich wie ausgeblichne Bilder
auf den papiernen Blüten eines traumgeplagten Kindes.

Du alterst rascher in den grünen Blattverstecken,
die sich dem heißen Wangenkuss im Wenden sanft entzieh'n,
in deren Höhlen sich die Käfer torkelnd flieh'n.
Ach, könnt ich deine Wasserschalen zum Bewegen necken,

die Tropfentänze eines lauen Regens zu vollführen.
Wie gerne möcht ich deine feuchten Lippen,
wenn sie von meiner Haut die Hitze nippen,
als Wasserstrahlen auf meinem ganzen Körper spüren.

Sommerblüte

Ein schlechter Sommer, der nicht mit Hitzepfeilen schießt,
sich hochhaucht an die blauen Fronten,
sich ungehemmt weitet im Unbesonnten,
dass mir der Kopf mit tausend Blüten überfließt.

Hin geflammt ins Herz des Ausgeruhten
verduftet Geraniol, Jasminum, Pomeranzen,
vor aller Augen Heißgerüche ausflocken, tanzen,
mit zartem Atem hetzen, dass die Sinne überfluten.

Noch zögernd schlürft der weiße Schaum der Wellen
von meinem Körper Salz und lässt ihn baden,
bis er versinkt im Nass bis zu den Waden
und fast ertrinkt, wenn die Gezeiten schwellen.

Oh wie die Schöpfung sich im Übermaß vollendet,
einen Sommer lang die Becken überfüllt,
die Muscheln voll mit Fruchtbarkeit umspült,
mit leichtem Herz das Ausgereifte an das Jenseits spendet.

Morgenbad

Wie früh der Sonnenrost erste Kohlen zum Glühen bringt,
wenn er die Morgenschaufel aus dem kühlen Karren greift,
wenn er mit Feuerfunken seinen Wagen glutig seift,
dass sprüht und glitzert seine Bahn, bis das Gefährt anspringt.

Und peitscht den Mond zurück ins sternenmüde Schlafgemach,
heizt er uns ein in Folgen, ununterbrochen wie in Serien.
Stumm ist das laute Lärmen aus den Straßen, es sind Ferien.
Kinder spielen noch im Traumgelände ohne Krach.

Doch plätschert frisch vergnügt der Brunnen über die Kaskaden
hüpft eine Amsel auf den Rand köstlicher Schänke.
Sperlinge folgen ihr, bevölkern rasch die Ruhebänke,
bevor sie stürzen in den Wasserfall, bereit zum Baden.

Sie gurgeln flügelschlagend, spritzen, flöten und krakeelen.
Vorbei die Morgenstille, alles hallt hinauf im Zwitschern,
es zischt, wenn sie im schnellen Flug auf nasser Haut auftitschern.
Darüber kann selbst Phaeton die Verwund'rung nicht verhehlen.

Wahre Freundschaft

Ein Regenwurm im Sonnensturm
den Leib durch Grund und Boden zwang.
Ein Vogelmaul hackt in die Kaul,
ein Floh auf dessen Flügel sprang.

Das juckte sehr, kratzt hin und her,
der Spatz, spannte die Flügel weit.
Da kroch der Wurm zum Möhrenturm,
der Floh fiel aus dem Federkleid.

Er hüpfte auf den nächsten Vogel,
der flog grad hin zum Möhrenkogel,
wo sich der Wurm verköstigte.

Dass er ihn nicht belästigte,
verbiss der Floh, man glaubt es kaum,
den Vogel unterm Bürzelsaum.

Sonnenbad

Julikerze brennt in Sinnen,
langsam tropft das heiße Wachs.
Alles Leben drängt nach innen,
in der Erde wühlt ein Dachs.

Meine angebräunten Arme
rufen nach der Sonnenmilch.
Helios sich mir erbarme,
doch er ist ein falscher Knilch.

Seine Glut schleicht hinter Wölkchen,
vorgetäuscht das Sonnenend.
Aus dem weißen Federvölkchen
sticht er scharf, es brennt, es brennt!

Ach geliebtes Sonnenbaden,
länger nicht kann ich dich freien,
muss mit Wasser mich beladen,
mich ins nasse Becken seihen.

Und so flute ich die Kerze,
lösch den Brand, kühl mich mit Feuchte,
rote Flecken sie ausmerze.
Mich die Sonn' nicht wieder täuschte!

Sonnenbrand

Weil mich der Glast des Sonnenstandes überbrüht,
hüllt mich der Wind mit Sandhandschuhen ein.
Doch meine Freude ist verfrüht.
Durch jene Schutzschicht sticht der Schein.

So schmore ich als Sandmännchen
werd ohne Not zum Rotmännchen,
auf dem sich tummelt Mück und Wespe.
Ich zitt're bald wie eine Espe,
zerschlage den Insektentraum,
flüchte unter den Schattenbaum

und salbe meine Blöße,
vermindere die Größe
roter Flecken mit Bedacht.
Hätt ich das früher nur gemacht!

Oh Kamille
Gelbkörbchen des Sonnengottes
Magdalenenkraut
die Salbe des Hausgemachten
glättet alles Raubeinige

Ach Lichtgeschoss

dies hellste Hell keimt Hagelsprosse
bis dieser große Übermut
wird enden in der Sommerflut

ist auch dein Herz Präludium
im rosenreichen Fluidum
scheint's innigst rein und weißer weiß
so endet's doch wie schon gesagt
dass diese Welt von dir geplagt
sich unter Schirmen retten muss
denn aus der Straße wird ein Fluss
und untergeht die Frohnatur
da wünscht man Herbst sich rau und pur

Johannisfeuer

brennst Glühwürmchen
in die Haut der Nacht
Liebesschwüren gleich
gespiegelte Sternenlampe

Wetterlehrling

Sommerwind, du heißer Feger,
treibst mir Perlen auf die Stirn.
Bist der hellen Gluten Heger
unter himmelblauem Firn.

Alle Arten fliehen, eilen
vor dem feuertrunknen Kuss.
Komme Regen, sollst verweilen,
gieße aus mit raschem Guss.

Doch nicht teilen will der Besen,
ist ein treu ergeb'ner Diener.
Komme Meister, sei's gewesen,
dass er deines Zaubers wieder.

Walle, walle, Wolke falle,
dass zum Zwecke Wasser fließe
und mit reichem vollem Dralle
zu dem Regen sich ergieße!

Ach, da schwillt es an, Gewitter
blitzt und donnert durch die Wolken,
schwärzt den Himmel als ein Schnitter,
bis das ganze Nass gemolken.

Komm zurück nun, Besenzauber,
sei kein Stürmer mehr, der Wilde.
kehr den Himmel wieder sauber
und verteile deine Milde.

Wehe, wehe,
seht da blitzt und brennt es weiter,
Sturmwind reißt die Ziegel fort

Sommerwind, der du gewesen,
komm zurück an diesen Ort.

Doch nicht enden will das Wetter,
treibt es bunt ganz ohne Meister
dunkler werden alle Fronten,
Blitze schlagen immer dreister.

Höre, Sommerwind, mein Heißer,
will dich nicht mehr rügen, tadeln,
wenn als Feger du und Beißer
mich piekst mit den heißen Nadeln.

Wettergott, du großer Meister,
meinen Eigensinn verzeihe
wird der Schweiß wieder zum Kleister,
deine Schatten ich mir leihe.

Ach, der Sturm hört auf zu zausen,
seht die Blitze werden schwächer.
Wolken nicht mehr weiter brausen,
lassen ruhen alle Dächer.

Spürt,
die Hitze schürt uns wieder.
wallt die Glut mit heißen Flausen,
schreibt's in weißen Wölkchen nieder,
rasch vermehrt die blauen Pausen.

Und so trage ich die Hitze
vor mir her wie ein Pokal.
Sommer, wenn bist du gewesen,
wird der Himmel wieder fahl.

So dreist so feist

der Sommer grillt den Asphalt grau er rillt
die Füße hüpfen kann nicht mehr barfuß
gehen im Heißruß

sollt auch der liebe Mond noch brennen
muss nachts ich hin zum Wasser rennen
find keine Ruh im hellen Schmu

dann reis' ich nach Traumalien
fernab der Infernalien
und dir oh Sommer sei's gesagt
wer sich so aus den Wolken wagt
der find sein End
ganz turbulent
in stürmisch grauer Wetterwend

Das krosse Laub
entgrünt und taub
klappert am Gesprosse

der Sonne Stich
hat dich und mich
geröstet im Gesponne

ich glaub du hast genug gestrahlt
wir sind schon alle knusprig
hast dich im Sonnenöl geaalt
verbrannt ist nicht mehr lustig

und steht die Sonne himmelan
durchwandert den Äquator
hat Tag und Nacht den gleichen Spann
wird Herbst zum Imperator

die Zeit kehrt sich nun wieder um
die Wärme wird uns fremder
ist kälter dir frag nicht warum
wir haben jetzt September

Jenseits der Schatten

Herbst der rauen Blätter

Ist dies der Herbst der rauen Blätter, der Hagel speit -
Kieselsteine auf dunklen Wegen
deiner Landschaft – wer wird sie hegen,
wenn die Verwüstung (vom Rausch befreit)
die Stellen trocken gelegt, wenn Verwirbelungen sich regen

den tief verhang'nen Himmel zu verwinden,
um das Verlor'ne, Fortgestob'ne aus der Zeit
in neuem Samen fortzutragen; verwelkter Schönheit
Leere, Schwere, in Düften überwinden,
einmal noch schweben voll süßer Trunkenheit.

Wie leis sie fällt, Wehmut stiller Träume,
erfüllt von Glanz, der zaghaft sich löst
vom letzten Sonnentand, dass sich aufbäume
die Flut der Fülle, der Traubensäfte Schäume,
bis Abendrot dir sanften Schlaf einflösst.

Lautsprecher am Himmel
Zickzacklinien aus Federn
Fernweh denkt der Regenwurm

War es der Sturm

War es der Sturm, dass Bild an Bild
sich reihte? Mir blühte einst die Frucht
am Lebensbaum. Spatzen auf Ästen wild
wippten voll Gier, nimmersatt. – Das Straßenschild
im Nebel mahnte: es gilt,
Besamung der Blüten sichert erst die Zucht.

Und doch: Wie oft wollt ich ernten vor dem Reifen,
zum Schrecken des Frühlings, ungeduldig, müd,
wie oft mir die verbrannte Haut abstreifen,
wie die Vögel dort schaukeln, tanzen, pfeifen,
schon verletzt nach dem Notausgang greifen,
dass der ganze Tag wie ein Sonnenaufgang glüht.

Ach Leben: Um was du mich gebeten
vergaß ich – manches mal im Licht –
matt und leer. Die aufgesteckten Ziele verwehten
vor meinen Augen, hofften doch auf mich, flehten
um Besinnung auf die Pflicht.

Die Bilder flogen rasch an mir vorbei,
trieben wie Wolken, tobten in Gewittern.
Das Wahrhafte blieb, brach nicht entzwei.
Ohne das Glühen wurd' ich wieder frei
und staunte über vollgehang'ne Zweige dabei.
Die abgefall'nen Früchte am Boden verwittern.

Novembernebel

Nebeldunst. Das Schattenprisma als entartete Kunst
unter den Scheffel der Dämmrung gezogen.
Kältefahnen steigen auf zum Bogen,
feuchter Hauch aus Wolkes Inbrunst.

Krähenruf. Hexenvögel krakeelen den Groove
magischer Landschaft aus den Logen
der Beerenauslese. Ist ihr Champagner von den Dogen
der Lüfte getrunken, danken sie dem, der sie schuf.

Blätterfall. Hinter dem Milchglas röhrt der Hall
brunftiger Hirsche ins Schattengericht.
Der Platzhirsch den Kampf mit Rivalen ausficht.
Gehörne krachen und knacken vor dem Fall.

Regenschauer. Das Schwarzwild suhlt sich mit Hauer
vergnügt im aufgeschwemmten Schlamm brauner Lachen.
Sie schnüffeln nach Trüffeln wie hinter rauschigen Bachen,
bis es aufhellt. Die Kälte wird flauer.

Jenseits der Schatten

Vogellinien am Himmel,
du schaust in die Herbstuhr,
Seelengleiten.

In mir strömt Wind,
Kranichgeschrei
aus aufgereihten Zacken.

Schlieren werfen die Weißschatten,
die Litanei des Regens,
Wolken gefaltet,
betet Hoffnung meiner Sehnsucht.

Das Licht, göttlich,
breitet einen Mantel aus
über Eingetrübtem, Trauerndem.

Ich folge den Flugbahnen,
die wie Freiwürfe des Trostes
den Abschied begleiten.

Ein Ebenbild will ich finden
für den Schlaf, in den ich falle,
irgendwann jenseits.

Diesseits
wartet der Morgen.

Herbstgewitter

Schatten getröstetes Licht,
Gewitter.
Ich zacke im Wind
Trübnisse.

Finsternisse
erwidern
mit Rotstich.

Auch Störche fliegen
über sich hinweg,
Aufwind, der trägt
in die weitesten Winkel.

Schaudern
Zaudern
Plaudern

Lauter Geläuterte
unter der Wunde Alltag
und das Schwarz, eisenhart,
vertieft den Ausbruch
der Sterne.

Herbstzeit

Nun sind die Wiesen abgemäht,
auf trocknen Feldern ragen Strunke
strohgelb. Ein Rabe fliegt zum Trunke
hinab ins Karge. Wie zugenäht

das Sonnenauge, das ihn verschmäht.
Die Regenwolke wird zur Dschunke
für Regenwürmer. Hin zur Tunke
der Rabe fliegt und fröhlich kräht.

Braunkernig ducken Sonnenblumen
ihre Köpfe, vergess'ne Weizenkörner
sind für Dohlen gold'ne Krumen.

Hasen pflügen durch die Felder,
Hirsche reiben ihre Hörner
Paarkampf hallt im Rausch der Wälder.

Blätterasche

spuckt das Feuer
und der Schmelzofen der Berge:
kadmiumrot, kobaltblau, zinkgrün.
Gratwanderung auf der Höhe der Nacht.

Kraniche fliegen

Kraniche fliegen, Kraniche fliegen,
sie lassen die Sommerquartiere liegen;
plaudern am Himmel, rufen, trompeten,
die Route gezeichnet von inn'ren Magneten.

Kraniche fliegen, Kraniche fliegen,
die Flugkörper sich im Fahrtenwind wiegen,
ziehen in Formationen Strecken,
rasten auf Feldern, Mündungsbecken.

Kraniche fliegen, Kraniche fliegen,
sieh, wie sie sich durch Unwetter biegen,
durch Regen drängen, Sturm und Gebraus,
auf dem Weg ins Überwinterungszuhaus.

Kraniche fliegen, Kraniche fliegen,
im Flug sie sich aneinanderschmiegen,
segeln gemeinsam zur Sonne voran
durch Höhen und Tiefen, wie ein Mensch es nie kann.

Draußen der Vogelhimmel
kreischt die Dunkelheit herbei
oder die Blindheit.
Wer nichts sieht,
muss neue Wege gehen.

Schattenströme
ertränken die Gipfel
Krähenhügel schreien sich still,
die Nacht, schlaflos, fällt ins Bett
Herztöne beten sich müde.

Wer will schon wissentlich
den Tag durchschreiten
wenn die offenen Fragen der Nacht
aus allen Wolken fallen.
Schattenschritte gehen voran.

Spätherbst im Saarbrücker Forst

Die gelben Blätter sind erstarrt,
der Sturmwind bläst auf kalten Harfen
durch das Geäst der Eichen. An scharfen
gezackten Blätterresten verharrt

der Nebeltau. Ein Pelztier scharrt
im Unterholz der Lärchen. Sie warfen
die Nadeln ab, bedecken Larven
und geben Schutz vor dem Start

der Winterzeit. Im feuchten Dunst
erspäht ein Habicht Haselmäuse,
auf Suche nach dem Schlafgehäuse.

Er stürzt hinab mit Jägers Kunst
und fliegt die Beute in den Horst
des Habitats Saarbrücker Forst.

Erster Frost

Die letzten Blätter im Geäst verknittern.
Der Wind ein Krähennest im Baum entblößt
und grauen Flaum aus seinen Ritzen stößt,
zerbrochene Zweige von den Rändern splittern.

Die Wildschweine grunzend nach Nahrung wittern,
die Rotte sich vom Hungern selbst erlöst.
Die Fledermaus in ihrer Höhle döst.
Wer vorgesorgt, wird nicht am Frost verbittern.

Ich wandre durch das Dunkel in den Morgen,
die Sonne wartet, ehe sie sich zeigt,
am Horizont der Mond sich trunken neigt.

Ich will das Licht aus alten Tagen borgen,
dass es mich wärmt und hellt die düstre Zeit,
doch alles Sehnen ist wie Einsamkeit.

Nachtfrost

Mein Herz zerspringt vor Einsamkeit und Kälte.
Im Nebelwind sind alle Farben grau.
Die Finsternis trübt meine Sinne rau
wie Todessehnsucht. Als des Dunkels Schelte

über Nacht das Schattenurteil fällte,
funkelte alles Klare ungenau,
ohne Hoffnung, sie versinkt im Stundenstau,
im Wolkenfluch, der mir entgegen gellte.

Ein Vogel flog hinauf, ließ sich nicht halten,
zog seine Bahn durch alle Gegenströme
und trotzte Widerständen, den Gewalten.

Die Blicke haften an ihm, lassen sich nicht wenden.
Die Seele windet sich im Kampf; extreme
Tiefen weiten, in den Sternen enden.

Gartenfrost

Dächer. Schwarze Majestäten wachen auf den Graten
wie einstmals Musketiere auf der herrschaftlichen Burg
den König schützten. Der Winter ist der Dramaturg
der Jahreszeit, beschlagnahmt die verlassenen Quartiere
mit Schneegestöber und Krähen werden Vogeloffiziere.

Leerstand. Rost im Garten nagt an abgestellten Spaten
wie kleine Vögel am Hungertuch der Winterkost.
In aufgetauten Beeren brennt die Sonne süßen Most.
Als Durstige sich auf den Fruchtsaft niederstürzen
der Wachdienst aufkräht, um das Besäufnis zu verkürzen.

Aufflug. Winkeladvokaten schwingen ihre Flügel,
trunkene Artgenossen lassen ab vom Henkelbecher.
Nebelkrähen schwirren aus wie königliche Häscher,
dass selbst die Gartenmäuse im Kompost verschwinden
und Eichhörnchen sich ducken in kahlen Astgewinden.

Ruhe. Die Aufgescheuchten retten sich vor angedrohter Prügel
in Verstecken. Wolken ziehen sich verschreckt zusammen.
Galgenvögel schwadronieren, verpfeifen sich in Telegrammen,
dieweil ein Regenschauer alle Grabenkämpfe unterbricht.
Ermüdet schließt der Himmel seine Augen, löscht das Licht.

Spätherbst im Köllertal

November. In den Kältenebeln spinnt der Frost
Silberfäden, die sich an Astgerippen binden,
an kahle Sträucher, in welchen keine Heimat mehr finden
Vögel. Und Äste, die wie Soprane klingen
wenn unterm Eisgewicht sie wie Ballettfiguren schwingen.
Blechern scheppern Eisentore auf im morschen Rost.

Dämmerschein. Der kurze Tag errötet im Untergang,
ein stiller Mond, der am Sternenhimmel zieht,
ein Wanderer verirrt durch das Dunkel flieht,
sich in Decken hüllt, an Straßenecken friert,
eine Frau das Haus noch mit Lichterketten ziert,
müde Katzen schlüpfen durch den Unterfang.

Mitternacht. Die Türmer gibt es lange schon nicht mehr,
Glocken rufen Gläubige zum Gebet der Stunde,
Fromme kommen, vereinen sich mit Gott zum Bunde.
Autofahrer früh an Ampeln stehen, warten,
Schwarzwild, das abzieht aus des Nachbarn Garten,
aus dem kleine Vogeltrupps aufsteigen zum Heer.

Ein Leuchten. Die Sonne spiegelt sich im Glas
der Straßenglätte, frümorgens Tümpel und Teich zufror,
ein aufgeschrecktes Reh, das sein Rudel nachts verlor,
durch die Straßen irrt hinab zum Köllerbach,
hin zu den Wasserbüffeln in die Auen, welche flach
auslaufen, staksen andere Rehe durch erstarrtes Gras.

Ein Singen. Laudes. Die Martinskirche jubiliert
voll Andacht in der Frühe. Im Pfarrer-Rug-Park
ein Steinstuhl Käfer vor dem Nachtfrost barg
und ach, die Zeder richtet die Zapfen nach der Sonnenuhr,
welche, aufgehalten vom Erdenkreis, eilt in altem Schwur,
während die Zeit verlangsamt durch die Dämmrung promeniert.

Landschaft im Fenster

Grün über Grau
und die Abreißblätter der Landschaft

Autobahnfahrt vom hessischen Spessart nach Saarbrücken am 01.01.2016

Naturpark hessischer Spessart

Weiße langbeinige Reiher staksen, langhälsig, lautlos,
durch hauchdünne Wasserlachen der Graslandschaft,
Regen hinterließ Ebenen aus tausend Teichen.

Im Nebeldunst aufragende Kiefer,
kratzt an Wolkenschwämmen, die tief drücken,
sich von Tanne zu Fichte schleppen,
und aufreiben, ausdrücken über leeren Nestern
wie Regentonnen, die in Zweigen hängen.

Misteln polstern ihr ledriges Grün im Astgestrüpp.
Schon raunt der Hexenbesen verwurzelt
und Vogelschwärme, verirrt, rufen himmlisches Kind.

Märchen erzählt der Wind von Flugzeugen,
jagen durch graue Luftschichten über Steinheim,
hinterlassen Schlieren, Himmelslinien
aus verbranntem Treibstoff.

Ich höre Laubreste knittern an der Wehrmauer,
das Silber der Birkenstämmchen blättert ab,
und ach, das Neujahrsauge im Steigflug,
wähnt nicht den Aufgang lichten Tags.

Landschaft verwunschen

Nieselschwaden treiben, tröpfeln
in die Spitzen fahlen Zweiggebüschs,
vernebeln die Umweltzone, Unken zur Freude.

Vielspurig aneinandergereiht
taucht auf Straße der Zubringer.
Krähen spähen, kriechen, krakeelen
am Boden kalter Landung.

Im Dunst keucht der Frankfurter Flughafen,
wie ein verwunschenes Schloss, unerreichbar
sehenden Augs, am Boden Turbinenbrandung.

Fluglärm vibriert an Kabelwegen, Stromstraßen,
zurückgeworfen die Lichter des Towers
von der Wolkenwand. Aus dem grauen Kokon
tauchen Luftbusse auf wie Albatrosse.

Verblendung

Reisende kreisen am Neuhöfer Tann,
Sperber, aufgeschreckt im Beutezug,
trommeln über der Brücke.

Spulen an Strommasten aufgetürmt,
verbinden Oberleitungen, Eisenbahntrassen.
Waggons stehen still vor der Fahrt ins Graue.

Gonsbachlerchen pfeifen den Narrhallamarsch,
im Hafen frösteln Frachtschiffe im Rhein.
Schwerindustrie wartet auf Löschung, Freigabe.
Eine Zementfabrik wächst, versteinerte Verblendung.
Fraglos fahren wir an ihr vorbei.

Ziegelscherben

Sonntagsruhe abgestellter Maschinen und Werkzeuge.
Baustellensinfonie aus Asphaltwellen, Schlaglöchern.
Schräger noch holpern Fahrzeuge
im Takt der Windkrafträder.

Baumsilhouetten wanken im aufreißenden Licht.
Vor Lärmschutzwänden verwischt Wassernebel
dürre Stämme zu Pyramiden aus Zweiggespinsten.

Hieroglyphen des ägyptischen Sonnengotts blenden
über ziegelrote Scherben vorbei huschender Häuser,
sie fallen von Dachgraten wie faule Äpfel, die verderben.

Vor Saulheim stochern verdorrte Rebenplantagen
durch die Hügel, Vogelheere schwärmen, prügeln
mit spitzen Schnäbeln aufeinander ein,
nach Resten vertrockneter Weinbeeren suchend.
Der Himmel gärt, kocht verspäteten Glühwein.

Blitzaufnahme

Inmitten gelber Winterwiesen aufsteigt der Donnersberg.
Kobolde trollen an Randstreifen, von Mooswällen umhügelt.

Nebelschleier fallen auf mich wie Gipfelstürze.
Raketen des Bergmassivs krachen aus Wolkenlöchern
direkt in die Feuerfunken der blitzenden blendenden Sonne,

bis der schwarzzüngige Berggeist
die Wolkenschleppen zurückzieht aus keltischem Bann.
Die Höhe, eine Himmelfahrt weiter Blicke,
schickt Blitzlichter zur Aufnahme des Blauen.

Mich überdacht die Lanzenbachtalbrücke,
Sembach naht, ausschweifende Kurven vor Augen.

Naturpark Pfälzer Vogesen

Windkraftrad auf entlegenem Hügel,
Hochsitze, Altäre der Waldpflege,
überthronen den Pfälzer Wald.

Unter den Wachstationen des Naturparks
Wildschweinrotten, Hirschhorngeschiebe,
Rinden geschundener Bäume.

Heimkehrende Tiere zwinkern mir zu,
stolpern unerkannt unter der Eselsbachtalbrücke
durch gepflügte Felder.

Sonnenkollektoren reflektieren Licht,
ersetzen die Zeiger der Mittagsuhr,
das Blau über Einsiedlerhof vergrößert.

Allein mein Herzschlag stockt im Heraufziehen
neuer Regenfronten vor der blauen Stunde.
Das lichte Tagwerk umdunkelt mich,
nur die Scheinwerfer hellen.

Heimkehr

Birkeninseln im Mischwald,
Burg Nanstein trommelt zum Ritterkampf.
Der Nebel klirrt, als würden Musketiere Klingen kreuzen.
Am Randstreifen liegt ein totes Tier, Galgenvögel kreisen.

In den Flussauen nahe Bruchmühlbach-Miesau
ein Bauernhof, Pferde wiehern auf der Koppel,
der Wind zieht neue Schleppen hinter sich her,
grau, schwarz, fiebrig, giftig.

Abgesägte Baumstümpfe türmen sich
entlang der Autobahn,
am Kraftwerk Bexbach blaue Rauchschwaden,
drohen mit einem Inferno.

Der Förderturm auf der Göttelborner Höhe,
Wahrzeichen des Bergbaus,
thront über der Zeit,
erinnert an die Mettenschicht.

Am Saarbrücker Kreuz endet die Baustelle,
der Weg zurück wird zweispurig.
Bäume wachsen mir entgegen
und Lärmschutzwände.

Die letzte Abfahrt Riegelsberg,
im Rückspiegel das vergangene Jahr.

Fahrt vom hessischen Spessart ins Saarland auf den Strecken B 43, B 42, A3, A67, A63 und A6 am 01.01.2017

Wintergrimm

Unter tiefhängendem, schneeblindem Himmel
erstarrtes Grünland, hessischer Spessart,
tiefgefroren, schockgefrostet vom Silvesterlärm.

Hoch lockt das Wolkenhaus Kältedunst
aus dem Boden, weiße Silben,
die der Neujahrsmorgen ausstottert
wie Vorsätze, Wunschgedanken, Hoffnungen;
sie verhauchen Schicht für Schicht.

Dort wächst Frost, der weiße Stacheldraht,
Äste klirren im Wind wie Silberlinge
im Reich der Eiskönigin, Schwänin kalter Märchen.
Dir schlägt das Herz im Einsamen, Leblosen.

In naher Ferne krachen Hexen
durch die Steinheimer Wehrmauer,
schlagen die Märchentür zu, rau, kratzig, kaltschnäuzig
und singen: „Kusper, knusper, Knäuschen,
wer knuspert an dem Häuschen?"

Durch die Tore ziehen Wintergnome.
Ach Grimmstadt, dir droht
der versfüßige Buchwurm mit Seitenverlust.

Kein Tier, das zu finden wär,
kein Zwerg, der Schneewittchen beweint,
nur Schwaden, die durch die Landschaft ziehen,
silbergrau, aschkalt, verschleiern die Aussicht,
vernebeln Kirchtürme mit Glockengang
bis zur vollständigen Auflösung.

Klirr, Glöckchen klirr

Frostspitzen der Baumkronen, im Wind vereist,
wie klirrende Tannenbaumglöckchen,
halten Nachlese der Weihnachtszeit.

Weißgeister wandeln, verschließen
letzte Lichtungen der Flughafenstraße,
Spur für Spur.

Eine Dunstglocke, über den Flughafen gezogen,
entzieht der Befeuerung das Licht.
Landebahnen verschimmern verwaist.

Im Undurchsichtigen verlieren
selbst Vögel die Orientierung,
verzerrte Bilder weißer Gier.
Kein Flugzeug, das zu sehen wär,
kein Flügel, der zu schlagen wär.

Das Businesscenter versinkt im fahlsten Blass
der hohlen Nebelhand.
Untergangsglocken schlagen
gegen den gekenterten Schiffsrumpf,
gestützt auf die Ausgangsröhren
des Niedergangs, ach Altjahr.

Hinter der Flugzeugbrücke blitzen Oberleitungen,
spät bewegt sich der in Gang gesetzte
Hochgeschwindigkeitszug mit neuer Zeitzählung,
dem Unbeweglichen trotzend,
dem Erstarrten entzogen
mit aufgenommener Fahrt.

Orakel

Bäume, aufgereiht, Grenzpfähle der Ackerflächen,
aufragende Eisskulpturen, Märchenfiguren.
Vögel vereint, kauern in den Astkronen,
auf Rutschbahnen mit Gongschlägen,
 zitternd gekrümmt und halten Stillmesse.

Hellweiße Wuschelköpfe der Randbepflanzungen
irren hinter der Abfahrt Oberolm auf den Hügeln,
eisgekühlte Rebstöcke, starrästig, windgedämmt,
springen im Eiltempo von Fensterausschnitt
zu Fensterausschnitt.

Die Autobahn gleißt durch einen Dunkelschimmer,
Trüblichter eines Nebeltunnels
inmitten des Spaliers aus Eisbäumen,
metallischer Reifenklang pfeift.

Ein immer weißeres Weiß
spiegelt sich von Seite zu Seite,
vom Himmel zur Erde.

Geistervögel krähen im Sichtflug
über das Autodach hinweg,
stürzen von Lichtloch zu Lichtloch,
die Auguren des Neujahrs
orakeln in den Koloriten des Weißbluts.

Verwinterung

Eiszapfen, Weidekätzchen des Winters,
hängen von Figuren randständiger Baumstämme.
Sträucher, in Zuckerwatte glasiert,
wellen sich die Anhöhen hinauf.

Vor mir flüchten Vögel ins Kahlgeäst
und unter mir, in der Tiefe des Asphalts,
ausgehöhlt, verwintern
Eisscherben zu Dauerfrost.

Sonne glitzt über die Dorfebene vor Alzey,
wirft Lichtblicke auf menschenleere Straßenzüge,
schaukelt den Lockenbehang kaltgestellter Krippen.

Auf den Äckern treiben Eisschollen,
als hätte die Arktis Eisberge verschickt.
Zierbäumchen versilbern die Arreale der Wälder
wie Lichtgirlanden einst die Titanic.

Am Heubergerhof trennt Maschendrahtzahn
die Eiswelt von der Autobahn.
Gütertrennung in Steinen,
scheidet das Lebende vom Erstarrten.

Schwarzweissbeeren rieslingen unter der Talbrücke,
Tiergelächter hallt vor tödlichem Geläuf.
Wer trinkt den letzten Eiswein, isst Gnadenbrot?

Kein Reifen, der sich nicht im holprigen Stand
abmühte, abrieb, sich verschliss.

Wintermystik

Im grauweißen Geäst wacht ein Bussard,
Argusaugen im Kältenebel,
der tieflandig, frosthäutig,
Wolkenschichten vermehrt, bestürmt,
aufhäuft einen dunkelgrauen Turmbau zu Babel.

Der Landschaft vielsprachige Krümmung
hügelt heran, trichtert das Asphalttal
Schlucht für Schlucht,
keine Ausflucht für Reifendreher.

Links und rechts haften Bäume
wie Reißnägel an den Seitenwänden,
strecken braunrote Laubreste von den Ästen,
als müssten sie den Winter
von der Wachstumspause überzeugen.

Gerodete Feldflächen wechseln mit
weißgesichtigen Äckerböden im tiefgrundigen Raum.
Ach, welch mystischer Pinselstrich des Winters,
Ahnung in weißen Konturen,
Malerei eines Glimmstängels mit Silberblick,
übertüncht das Graue des Tags
wie Frostverluste schwarzhalsiger Rauchfahnen.

Silberwald

Hinter der Lanzenbachtalbrücke tanzen
die Pfälzer Nordvogesen mit dem rotnasigen Rentier,
gipfeln Bergspitzen, glänzen Eis belichtete Baumzinnen.

Drüben auf dem Plateau brilliert ein Hochsitz,
starrt wie eine Quecksilbersäule mit Schneenasen,
wachend über den Diamantenstaub des Silberwalds.

Im Nebelschimmer fliegt eine Pferdetroika vorbei,
Väterchen Frost zieht Schneespuren im Gelände,
im Schlepptau den Jungen Neujahr.

Wind verbog die Bäume, zwang sie in die Seitenlage,
Geburtskanal für die Flüchtlinge des Winters.
Die gegenüber liegenden verzerrten Silhouetten
langgezogener Kristallwehren senden Rauchsignale
für die Schneemänner des Klirrlieds.

Vor Kaiserslautern reißt der Winterhimmel auf
lässt Eisblumen aufblühen im kurzen Lichtblick
des Januarmorgens.

Saarpfalz

Maulwurfshügel springen über die Felder
wie kleine Misthaufen,
auf der Spiegelfläche der Eiszeit
Rehversammlung, kein Bock,
der nicht zu springen wüsste.

Landstuhl naht, die Auflösung
des Rotwilds hinter Gesträuch und Nebelung.
Heuballen im Eismantel,
liegen aufgerollt auf der Erde der Schwarzbachwiesen.
Rabenvögel gehen durchs Land mit spitzen Schnäbeln,
Vogelscheuchen des Winters.

Einzäunungen unzugänglichen Geländes
treiben die Wiesen ab, die Wälder.
Die Air-Base lagert verborgen im Forst,
Transallflieger drehen Festtagsrunden
in den Wolkenhallen, Zinnsoldaten blasen
den Zapfenstreich.

Eisbällchen wirft der Wind
von Nadelspitz zu Nadelspitz,
Pingpongspiele des Winters, hochglanzpoliert
wie Orgelpfeifen, die den Neujahrstag weihen
mit Bachscher Fantasie,
das Oratorium vor den Toren
heimatlicher Geborgenheit.

Einfahrt

Schönenberg-Kübelberg grüßt
das weißhaarige Saarland,
heimatlicher Willkommensgruß
aus dem Glantal.

Die Autobahn verbreitert sich,
Pferde klopfen auf gefrosteten Koppeln,
schütteln sich vor Unzugänglichem, Unwirtlichem.
Kleine Vogelschwärme winden sich
in die Höhe vor der Einfahrt.

Der Homburger Bruch verwaist,
je kälter die Temperaturen fallen,
desto weißer wird die Aussicht.
Lärmschutzwände wimmern vor sich hin,
das Knarzen verrosteter Kletterhilfen gewiss.

Heimkommen, Abfahren, letztmalig,
zurückkommen auf frostgebeutelten Landstraßen.
Ein goldener Ring hält aus der Höhe
die Höfe zusammen, sichert Hausburgen
mit seltener Wärmezufuhr.

Tautränen des Mittags,
sonnengezapft, drehen den Lichthahn auf
und entzünden das Flimmerwerk
des ersten Januartags.

Inhalt

Bücher von Vera Hewener

Vermisstenanzeige. Gewidmet den ermordeten Juden des Naziregimes. Lyrik und Prosa. Libri BoD. Norderstedt 2000. ISBN 3-8311-0748-3. 2. erw. Auflage 2014. ISBN 978-3831107483.

Lichtflut. Reisenotizen. Lyrik und Prosa. Edition Calamus. Norderstedt 2001. ISBN 3-8311-1493-5. 2. erw. Auflage 2014. ISBN 987-3831114931.

Eine Neigung aus Blau. Gegenwartslyrik. Norderstedt 2002. ISBN 3.8311-3334-4. 2. Auflage 2014. ISBN 9783831133345

Bist Himmel mir und tausend Feuerfunken. Gedichte. Mauer Verlag. Rottenburg a/N. 2003. ISBN 3-937008-46-2.

Verwirbelungen der Zeit. Lyrik ≈mit Bildern von Carolin Isele. WiKu Éditions Paris E.U.R.L. Paris und WiKu Verlag KG Berlin 2005. ISBN 3-86553-203-9.

Es kommen andere Ewigkeiten. Gedichte. WiKu Édition Paris ISBN 2-84976-0188 WiKu Verlag 2007. ISBN 978-3-86553-189-6.

Himmelsstürme. Gedichte mit Fotografien. edition Wort Verlag Bitburg 2010. ISBN 978-3-936554-00-3.

Das Jahr: Dichtung in vier Sätzen. Gedichte mit Fotografien. BoD Books on Demand Norderstedt 2013. ISBN 978-3-7322-3168-3.

Zaubervolle Winterwelt. Gedichte, Geschichten, Notizen. Verlag BoD Books on Demand. Norderstedt 2014. ISBN 9783735761262.

Frühlingsserenade. Die schönsten Gedichte, Geschichten und Notizen zur Frühlingszeit. Verlag BoD Books on Demand. Norderstedt 2015. ISBN 978-37347-3140-2.

Die Blüte des Sommers. Sommeranthologie. Die schönsten Gedichte, Geschichten und Kalendernotizen. Verlag BoD Books on Demand. Norderstedt 2015. ISBN 978-3-7347-89540.

In der Saar schwimmen keine Krokodile. Gegenwartslyrik & Texte. Verlag BoD Books on Demand. Norderstedt 2015. ISBN 9783738635676

Von Lorraine nach Aquitaine. Reisenotizen in Lyrik und Prosa. Verlag BoD Books on Demand. Norderstedt 2016. ISBN 9783741210860.

Du trocknest meine Tränen wieder. Religiöse Lyrik & Texte. Verlag BoD Books on Demand. Norderstedt 2016. ISBN 9783743113589.

Zaubervolle Jahreszeiten. Der Frühling. Verlag BoD Books on Demand. Norderstedt 2017. ISBN 9783743125117.